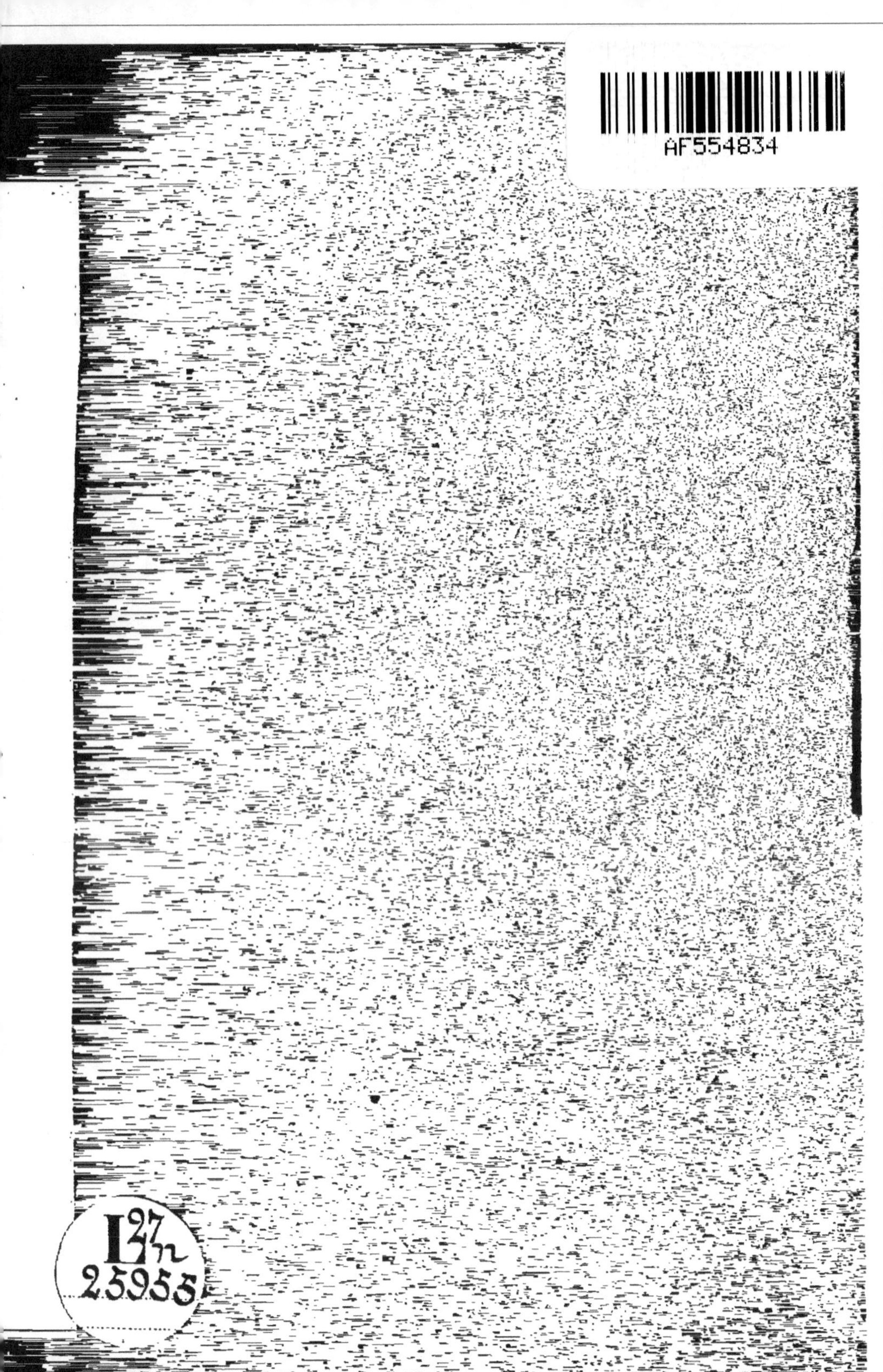

SOCIÉTÉ D'AGRICULTURE

SCIENCES, ARTS ET COMMERCE DU DÉPARTEMENT DE LA CHARENTE

DISCOURS

PRONONCÉ LE MERCREDI 15 DÉCEMBRE 1869

EN SÉANCE SOLENNELLE

PAR

M. EUG. DE THIAC

Président de la Société d'Agriculture,
Conseiller général, Lauréat de la Prime d'honneur

A L'OCCASION

DE L'INAUGURATION DU PORTRAIT DE M. GELLIBERT DES SEGUINS

ANCIEN PRÉSIDENT DE LA SOCIÉTÉ D'AGRICULTURE, CONSEILLER GÉNÉRAL ET DÉPUTÉ

ANGOULÊME

IMPRIMERIE CHARENTAISE DE A. NADAUD & Cie

REMPART DESAIX, N° 26

1870

SOCIÉTÉ D'AGRICULTURE

SCIENCES, ARTS ET COMMERCE DU DÉPARTEMENT DE LA CHARENTE

DISCOURS

PRONONCÉ LE MERCREDI 15 DÉCEMBRE 1869

EN SÉANCE SOLENNELLE

PAR

M. EUG. DE THIAC

Président de la Société d'Agriculture,
Conseiller général, Lauréat de la Prime d'honneur

A L'OCCASION

DE L'INAUGURATION DU PORTRAIT DE M. GELLIBERT DES SEGUINS

ANCIEN PRÉSIDENT DE LA SOCIÉTÉ D'AGRICULTURE, CONSEILLER GÉNÉRAL ET DÉPUTÉ

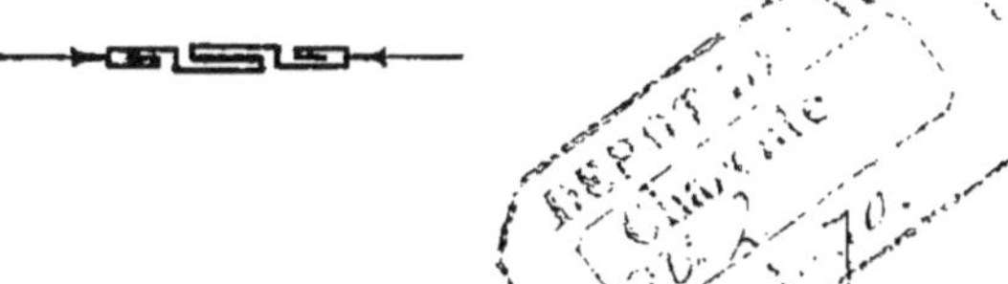

ANGOULÊME

IMPRIMERIE CHARENTAISE DE A. NADAUD & Cᵉ
REMPART DESAIX, N° 26

1870

DISCOURS

A L'OCCASION

DE L'INAUGURATION DU PORTRAIT DE M. GELLIBERT DES SEGUINS

PRONONCÉ PAR

M. EUG. DE THIAC

Président de la Société d'Agriculture, Sciences, Arts et Commerce du département de la Charente

DANS SA SÉANCE SOLENNELLE DU MERCREDI 15 DÉCEMBRE 1869

MESSIEURS,

Il y a bientôt vingt ans, un professeur du lycée d'Angoulême, M. Ruelle, fit, à l'occasion d'une distribution de prix, une étude fort intéressante sur tous les hommes qui, à divers titres, avaient illustré notre pays, et qu'il nomma *les gloires de la Charente!*

Si cette étude avait été faite de nos jours, le nom de M. Gellibert des Seguins eût été assurément ajouté à tous ces noms glorieux, et loin de les déparer, il en eût augmenté l'éclat.

En effet, M. Gellibert des Seguins, si cruellement enlevé à la fleur de l'âge, qui a laissé au sein des populations charentaises de si vives empreintes, se recommande à l'estime et à la reconnaissance publiques par de sérieux travaux, que rehaussent un caractère aussi noble qu'indépendant, un esprit aussi éminent que cultivé, et les plus hautes vertus privées.

De telles qualités sont, Messieurs, comme certaines fleurs qui parfument ceux qui les approchent.

M. Gellibert des Seguins était si heureusement doué qu'il offrait en lui, par une rare exception, le penseur, le philosophe, le moraliste ; les difficultés de la politique, les problèmes de l'économie sociale, ont été traités par lui avec une grande autorité; en outre, il était versé dans la science archéologique et dans l'étude des belles-lettres, où il s'est montré écrivain correct, saisissant et plein de ressources.

Sa nature, on le voit, reflétait les aspects les plus variés d'une civilisation avancée, et chacun de ces aspects pourrait fournir de précieux éléments pour une étude spéciale.

Mais vous ne devez attendre de moi que quelques souvenirs rappelant son action et son influence sur la marche de la Société d'agriculture.

Ma tâche est difficile pour faire revivre à vos yeux cette touchante et utile personnalité ; mais en relisant ce qui est tombé de sa plume, en recherchant tout ce qu'il a fait ou voulu faire, j'ai senti naître en moi le désir de devenir meilleur en toutes choses; je vous dois donc des remerciements pour la mission que vous m'avez confiée.

M. Gellibert des Seguins avait une physionomie douce et sympathique, sa bienveillance était extrême, son urbanité parfaite; il avait retenu de sa famille les anciennes traditions, si rares aujourd'hui, de la politesse française.

Son père, élève distingué d'une célèbre école, avait conquis le grade de général d'artillerie, après avoir pris part aux luttes gigantesques du premier Empire.

Son oncle avait été député de la Charente et maire d'Angoulême; nos annales signalent son passage par d'importants travaux à la présidence de la Société d'agriculture dans les années 1835 à 1842.

Son père et son oncle avaient préparé sa jeunesse d'une manière virile, de même que, dès son berceau, il avait reçu de sa mère, une sainte femme, la foi la plus ferme.

Il fit à Vaugirard ses études classiques sous la direction de M. l'abbé Cruice; la forme si élégamment littéraire de ses discours a constaté le fruit qu'il avait retiré de ses études; précieux enseignement pour tous, Messieurs, l'intelligence, comme la terre, cesse d'être réfractaire aux persévérants efforts.

Il étudia le droit à la Faculté de Toulouse, patrie adoptive de son père, et il se disposait à entrer dans la magistrature, lorsqu'il vint, en 1851, dans la Charente pour contracter une union qui, à tous les points de vue, lui offrait un avenir bien doux à son cœur; il était alors âgé de vingt-six ans.

Ainsi, depuis 1851 jusqu'au moment où sa vie fut si tristement brisée, ses plus belles années se sont écoulées dans la Charente. C'est là qu'il s'est épris d'un profond amour pour notre pays, c'est là où les glorieux souvenirs du passé, les émouvants spectacles du présent et les espérances fécondes de l'avenir ont été médités et étudiés par lui.

Cette nature d'élite devait infailliblement frapper l'esprit de nos populations charentaises, si sensibles à ce qui est bien, à ce qui est beau; aussi, lorsque son père, le général, résigna ses fonctions au Corps législatif, où il représentait la Charente, son fils fut appelé en 1859 à le remplacer.

M. Gellibert des Seguins, à l'occasion de son mariage, s'était fixé sur son domaine de Champrose; là, ne se bornant pas à développer les théories de la science, il s'est livré à des travaux d'amélioration qu'il a dirigés lui-même.

C'est à Champrose qu'il venait passer les loisirs que lui laissait la politique, et c'est dans la Charente que ses aspirations pour la vie rurale recevaient ses plus vives expansions.

La Société d'agriculture fut donc bien inspirée lorsqu'elle lui offrit, en 1863, la présidence. Cet honneur, périlleux pour tout autre, fut pour lui l'occasion de mettre en grand relief les plus éminentes et les plus précieuses qualités.

Vous l'avez vu, Messieurs, à l'œuvre : il a donné à la Société son temps, son intelligence, tout son dévouement; il était le premier à la peine, il est juste qu'il reste le premier à l'honneur.

Vous n'avez pu oublier, Messieurs, avec quelle mesure, quel tact il dirigeait les débats, l'heureux choix de ses expressions et ses judicieuses remarques.

On le voyait chaque jour se livrer aux investigations de toutes sortes; rien ne lui a coûté, ni sacrifices d'argent, ni démarches, ni soucis, pour faire revivre ce qu'il croit oublié, pour donner certain éclat à ce qu'il juge utile au développement des intérêts généraux de la Charente.

Ainsi, pour les vins, il convie les viticulteurs à des expositions; il veut que leurs productions se manifestent par des concours, et comme, à ses yeux, la science doit toujours éclairer la pratique, il fonde un prix important pour le meilleur traité des vins de la Charente.

Il fait plus, il établit une pépinière de vignes, afin que les cépages y soient étudiés au point de vue du sol et du climat charentais, et qu'on puisse y trouver plus tard les sujets que réclamera le renouvellement des vignobles.

Avant lui, les concours de la Société se tenaient uniquement dans l'arrondissement d'Angoulême. L'action lui paraît restreinte; c'était, en effet, l'esprit de clocher qui rapetisse toutes les questions, qui affaiblit toutes les individualités; il pense dès lors que des horizons agrandis produiront plus de bien, et la Société, qui se plaît à le suivre dans sa marche progressive, décide que chaque arrondissement de notre département aura tous les ans à son tour un concours départemental.

On doit reconnaître que cette pensée a été féconde, et le concours départemental de Ruffec vient récemment de le constater.

Il a assisté en personne à tous les concours et comices que la Société a tenus pendant la durée de sa présidence.

C'est ici, Messieurs, que se révèle d'une façon éclatante la distinction d'un grand esprit qui s'est familiarisé par la méditation et l'étude avec toutes les questions, qu'elles soient politiques ou économiques, morales ou philosophiques, ou qu'elles touchent à la science agricole.

Il prend la parole pour la première fois à Montbron, en 1863.

Puis à Angoulême, en 1864.

Puis, en 1865, dans la même année et à quelques jours de distance, à Blanzac et à Barbezieux.

Également, en 1866, à Saint-Amant-de-Boixe et à Confolens.

Enfin, dans l'année 1867, à Rouillac et à Châteauneuf.

Partout ses enseignements sont donnés sous les formes les plus littéraires et dégagées de toute vulgarité ; tout y est digne et austère !

Les populations émues et charmées en conserveront un long souvenir.

Je me reprocherais, Messieurs, de ne pas retracer ici quelques-uns de ses enseignements sous leur forme originale; si le style est l'homme, son âme apparaît majestueuse et belle, et on ne peut que s'incliner devant cette nature si fine, si délicate, si essentiellement droite et si honnête.

A Montbron, il explique les avantages des concours agricoles en ces termes :

« Ce ne sont pas des fêtes stériles ne laissant « après elles que des souvenirs indécis et confus. « Tout progrès naît de la comparaison et de « l'exemple, et croyez-vous qu'il soit indifférent « de réunir au sein de nos campagnes propriétaires « et colons, agriculteurs et industriels, hommes « d'étude et hommes de pratique, qui, tous inspirés « par le même amour du bien public, s'interrogent « avec bienveillance sur la situation d'un can- « ton, constatent les améliorations réalisées, s'en « emparent et les vulgarisent ensuite.

« Il importe à la gloire et au bonheur d'un peuple « qu'aucune de ses forces vives ne demeure impro- « ductive. Sans doute, il est beau d'avoir le courage « héroïque qui fait gagner les batailles et qui assure « la suprématie dans le monde, la science qui ar- « rache un à un ses secrets à la création, le génie qui « éclaire et qui élève les âmes; mais il faut aussi, « lorsqu'on veut marcher à la tête de la civilisation, « ne pas être les tributaires de nations rivales et « jalouses ; il faut avoir forcé la nature à nous livrer

« tous ses trésors et avoir ainsi exilé de chez soi la « disette et la pauvreté.

« Et ne croyez pas que le progrès que nous pour- « suivons soit simplement matériel. Tout se lie et « tout s'enchaîne ; en fertilisant nos champs nous « préparons une double moisson, car en délivrant « le corps nous affranchissons l'esprit. Les idées « s'échangent et se propagent ; les voies de communi- « cation donnant passage aux âmes aussi bien qu'aux « corps, l'instruction se généralise ; à la porte de la « plus humble chaumière l'école s'ouvre pour l'en- « fance. — Le livre devient alors l'un des besoins de « la famille, et avec lui s'ouvre pour les intelligences « un vaste monde de pensées et de sentiments. Sans « doute, le danger est à côté du bien, car l'intelli- « gence mal cultivée produit des fruits amers ; mais « le feu qui incendie doit-il faire éteindre le feu qui « réchauffe ? La vapeur qui éclate et qui tue doit- « elle faire proscrire la vapeur qui, se substituant « à la faiblesse des forces humaines, devient la « grande force motrice de notre siècle ?

« L'agriculture devient l'étude préférée et la « passion des grands esprits ; les expériences se « poursuivent partout avec ardeur ; les sciences « interrogent la nature et la nature leur répond :

« A l'œuvre, travailleurs de la grande famille « humaine ! l'oisiveté est une honte et une lâcheté. « Nous avons tous ici-bas notre sillon à tracer ; « semons la bonne semence, nous et nos enfants « après nous récolterons de riches moissons. »

Au concours d'Angoulême, M. Gellibert des Seguins regrette l'absence d'écoles pour l'agriculture et il s'écrie :

« Et l'agriculture, où sont ses facultés? où sont « ses grades? où sont ses écoles? où est sa loi d'en- « seignement? sa charte universitaire? Il y a là, « dans l'enseignement donné par l'État, la plus « regrettable de toutes les lacunes, aussi en sommes- « nous encore à cet état singulier où le jeune homme « qui sort du collége ignore complétement qu'il « peut y avoir honneur et profit à se mettre à la « tête d'une exploitation agricole.

« L'enseignement agricole étant fondé, que reste- « rait-il à souhaiter aux populations rurales, si en- « couragées et si honorées de nos jours, sinon le « perfectionnement des qualités morales qui ren- « dent l'homme vraiment digne du bonheur, et qui « sont surtout nécessaires à une époque où les droits « des citoyens sont le patrimoine sacré de tous? Ai-je « besoin de rappeler le respect de la loi, l'amour « profond de la patrie, la déférence envers l'auto- « rité qui a le fardeau et la responsabilité du pou- « voir, la conscience enfin et la dignité dans les actes « de la vie publique.

« Agriculteurs, il n'est pas sans dangers pour « vous cet exercice de la vie politique, et il vous « expose à bien des flatteries, à bien des mensonges. « Tenez-vous en garde contre les séductions d'un « nouveau genre qui, exploitant votre bonne foi, « s'imposent à vous par mille moyens; faites tou- « jours triompher l'honnêteté, repoussez avec indi-

« gnation la calomnie et flétrissez l'intrigue ; n'ac-
« cueillez que les hommes qui savent se respecter
« eux-mêmes.

« Ce n'est pas seulement la profondeur d'un
« sillon, le choix d'un cépage, l'emploi d'un instru-
« ment, l'amélioration d'une race qui constituent le
« progrès agricole. On le prépare aussi et on l'assure
« en combattant hardiment tout ce qui peut abais-
« ser l'âme de l'agriculteur ou obscurcir en lui la
« notion du juste et de l'honnêteté. »

Au concours de Barbezieux, il applaudit aux traités de commerce si vivement attaqués aujourd'hui, mais que votre Société défendra résolûment, interprétant en cela les vœux de notre regretté président, qui dit dans son discours :

« Jetez un coup d'œil rapide sur l'histoire écono-
« mique de ces dernières années, vous y verrez une
« législation prévoyante se prêter aux besoins divers
« et multiples de nos relations commerciales, encou-
« rager et développer l'association, ouvrir enfin
« de larges voies, et émancipant résolûment l'in-
« dustrie, la placer sous la garde tutélaire de la li-
« berté. Certes, il a fallu une grande énergie pour
« ne pas se laisser arrêter par les plaintes, les
« frayeurs, les résistances, et surtout par quelques
« intérêts privés mis en souffrance. »

A Saint-Amant-de-Boixe, il prononce un discours où il fait ressortir les avantages de la paix et de la vapeur.

Écoutez, Messieurs, ces réflexions saisissantes et

pleines d'éloquence, et cette prosopopée si remarquable où l'imagination s'allie si bien à la vérité :

« Le souvenir des graves et sanglants événements « dont l'Europe vient d'être le théâtre et qui ont « éveillé de si unanimes et de si douloureuses anxié- « tés, rend plus vives et plus douces les impressions « que fait naître cette fête agricole. Pendant le cours « de cette heureuse journée, lorsque sous nos yeux « charmés se déroulaient ces fertiles campagnes, ma « pensée irrésistiblement entraînée franchissait le « Rhin, s'attristait à la vue de plaines désolées par le « terrible fléau de la guerre, comparait cette désola- « tion avec cette prospérité ; et ce contraste saisis- « sant d'agitations et de désastres, d'armées formi- « dables s'entrechoquant sur les champs de bataille, « de peuples se décimant et ouvrant leurs foyers au « deuil et à la ruine, avec le calme de nos champs, « le développement de nos richesses, m'a fait mieux « sentir encore et les bienfaits de la paix et la « sagesse de notre politique.

« J'en appelle à vous tous, propriétaires et culti- « vateurs qui connaissez le vide que fait à la charrue « comme au foyer domestique l'enfant qu'enlève la « guerre, n'est-il pas vrai que la paix est dans vos « vœux ? N'est-il pas vrai que la paix, c'est la vie « même de l'agriculture ?

« Propriétaires privilégiés, vous n'avez qu'à ou- « vrir vos celliers et vos chais, la grande force, la « vapeur, est là à votre porte.

« Lorsque, sillonnant vos campagnes, elle fait

« retentir de sa voix puissante vos riantes vallées,
« ne comprenez-vous pas cet appel fait à votre éner-
« gie, à vos intelligents efforts, à votre courageux
« travail ? Ne vous dit-elle pas, cette voix aux
« accents fiévreux et impatients : Je suis l'esclave
« domptée et soumise de la civilisation ; enchaînée
« par la science, j'appartiens au travail dont je
« décuple la valeur. Produisez, travailleurs, pro-
« duisez ! Devant moi les distances s'effacent, les
« barrières s'abaissent ; je suis l'invasion pacifique.
« Sur mes ailes de feu j'emporterai vos merveil-
« leux produits aux quatre coins du monde, et en
« échange de ces eaux-de-vie, honneur de la patrie
« charentaise, en échange de ces vins francs, sains
« et savoureux, je vous rapporterai et l'or de l'An-
« gleterre, devenue votre tributaire, et les richesses
« des peuples les plus lointains.

« Entendez cette voix, Messieurs, c'est celle du
« génie moderne ; produisez sans relâche.

« Ah ! je le sais et je m'en attriste, il est une école
« impitoyable qui regarde l'abondance comme une
« cause de dépréciation des valeurs et qui la repousse,
« au nom de je ne sais quelle augmentation de la ri-
« chesse, comme une difficulté et un obstacle ; elle
« est la sœur de cette secte sans entrailles qui a osé
« proclamer la *dépopulation* un élément de prospé-
« rité. Si c'étaient là les vrais enseignements de la
« science, je m'éloignerais d'elle comme d'un arbre
« aux fruits empoisonnés, et me réfugiant dans la
« sainte ignorance des cœurs droits et compatis-

« sants, je fermerais l'oreille aux discours de doc-
« teurs égoïstes qui ne veulent ni s'attendrir aux
« anxiétés de la misère, ni entendre les cris déses-
« pérés de la faim. Mais il n'en est rien. La science
« ne procède pas seulement de l'intelligence, sujette
« au doute et à l'erreur ; elle plonge aussi profon-
« dément ses racines dans le cœur de l'humanité,
« et dans l'abondance elle salue le bienfait de la
« Providence, le sourire même de Dieu visitant le
« pauvre et apportant dans la chaumière et dans
« la mansarde les rayons du soleil éternel, les
« douces influences du présent assuré, de la recon-
« naissance et de l'espoir ! »

Au concours de Châteauneuf, dernier concours où sa voix a été pour nous tous le chant du cygne, il salue Cognac en termes vraiment charmants et à la façon d'Horace lui-même, dont il va parler, bien qu'il me paraisse, dans l'antiquité, être plus particulièrement le disciple de Tibulle :

« Je te salue, Cognac, de la voix et du cœur, Co-
« gnac chanté par les poëtes, appelé par Saint-Gelais
« le second paradis, et qui, après avoir été le ber-
« ceau d'une race de rois, as su placer dans tes
« vaillantes mains le sceptre de la richesse conquise
« par le travail et par le gain des grandes entre-
« prises.

« Nous sommes aux lieux où la vigne règne en
« souveraine.

« Le poète charmant, ami de Mécène et favori
« d'Auguste, Horace, le philosophe doux et facile,

« le chantre des vignobles de Falerne et des coteaux « de Formies, des vins de Cécube et de Cales, s'il eût « vécu à notre âge, aurait célébré en vers harmo- « nieux et immortels notre noble Champagne, à la « liqueur généreuse et parfumée, inconnue de l'an- « tiquité, et que, sans licence, sinon sans ivresse « poétique, il eût certainement nommée le *nectar* « *des dieux.* »

Il me serait doux, Messieurs, de multiplier les citations, mais je dois à l'honorable président de la Société archéologique que vous allez entendre d'abréger, et pourtant dans tous ces différents discours comme dans ceux prononcés à Blanzac, à Rouillac, à Confolens, les meilleurs préceptes abondent, les considérations de l'ordre le plus élevé s'y rencontrent, toutes les questions sociales y sont abordées dans un style élégant et correct et que nulle défaillance ne trahit.

La famille a, je crois, l'intention de réunir en un seul volume ces différents discours; nous ne saurions trop l'y encourager. Ce livre sera bientôt dans toutes les mains, et tous les esprits amis des lettres et du goût le liront, émus et reconnaissants.

La Société, Messieurs, était heureuse d'avoir confié ses destinées à cet homme de talent, qui portait partout son étendard avec tant d'éclat. Elle l'aimait, elle applaudissait à ses succès; elle savait que les intérêts généraux de l'agriculture comme ceux de la patrie avaient en lui le défenseur le plus noble, le plus désintéressé, le plus dévoué.

Mais cette joie ne fut que passagère ! Le 3 octobre 1868, notre si digne président nous fut enlevé brusquement à peine âgé de quarante-trois ans, car il était né le 27 février 1825.

Sa mort fit dans le pays une profonde et vive impression, et les lettres, les arts, les sciences pleurèrent avec nous cette perte si regrettable et si prématurée.

L'honorable M. André, au nom de notre Société, du conseil général et du Corps législatif, lui adressa de solennels adieux : « L'autorité de sa discussion « et de ses conseils, dit-il, l'urbanité si parfaite de « ses relations, laisseront longtemps un vide re- « gretté au sein du conseil général et de la haute « assemblée politique, dans laquelle il avait une « place chaque jour plus appréciée. »

A son tour, M. Paul Sazerac de Forge, maire d'Angoulême, et également notre honoré collègue, vint, en termes bien touchants, confirmer ce qu'il y avait de bon et de compatissant dans cette âme si tendre. Visitant avec lui les salles de l'hospice, dont il était administrateur : « Ne craignez jamais d'a- « buser de moi dans l'intérêt des pauvres, lui di- « sait-il. Appelez-moi de Paris ou de la campagne « pour vos réunions, je serai heureux de me join- « dre à vous pour veiller aux intérêts de cet établis- « sement que j'aime et où je sens que je puis faire « quelque bien. »

Mgr l'évêque d'Angoulême avait voulu donner un éclatant témoignage de son estime et de ses sympathies particulières pour cette honnête et pieuse mémoire, et il s'était rendu à Ronsenac, berceau de la famille, où s'est faite l'inhumation.

Dans son allocution, le vénéré prélat a fait entrevoir à la famille et aux amis éplorés l'éternelle félicité que Dieu réserve dans le ciel aux justes qui ont su vivre et mourir chrétiennement.

Lorsque M. Gellibert des Seguins prononça à Confolens un discours sur Dom Rivet de la Grange, bénédictin de la congrégation de Saint-Maur, que la Charente compte au nombre de ses illustres enfants, il dit, en parlant de la mort de Dom Rivet :

« Cette mort fut un malheur public. Ce ne furent « pas seulement les riches et les heureux, les sa- « vants et les lettrés qui pleurèrent notre béné- « dictin : les malheureux et les affligés entourèrent « sa dépouille mortelle et firent de son dernier « jour un jour de triomphe. N'avait-il pas été, lui « aussi, leur bienfaiteur, leur consolateur, leur « père ? Il avait puisé dans l'étude des lettres cette « bonté merveilleuse, cette sûreté dans les rela- « tions, cette ardeur à obliger, ce penchant à sou- « lager l'infortune qui, au moins, l'avait rendu si « cher au peuple. »

Ce portrait, Messieurs, ne vous semble-t-il pas parfaitement s'adapter à l'homme qui est aujourd'hui l'objet de nos regrets et de ceux de sa bien digne famille ?

M. Gellibert des Seguins a laissé un vide immense à son foyer domestique qu'illuminaient une compagne pieuse et dévouée et deux jeunes enfants dont l'un, bien que sur les bancs de l'école, est membre de notre Société : c'est sa mère qui nous l'a donné, et Dieu sait avec quel respectueux intérêt nous l'avons accueilli et de quelles sympathies nous l'entourerons.

La Société d'agriculture et la Société archéologique, doublement frappées dans leur chef, se sont spontanément réunies pour donner à sa mémoire un témoignage public d'estime et d'affection. Une souscription fut ouverte et bientôt remplie, et un artiste de Paris que recommandaient de sérieux travaux, M. Timbal, fut chargé de faire le portrait que vous avez sous les yeux.

M. Timbal a rencontré des difficultés qu'il a vaincues avec talent, et au nom de nous tous qui retrouvons les traits de notre ami et de notre maître, nous le prions de recevoir nos publics remerciements.

La Société a demandé à l'artiste d'adopter le costume de député que M. Gellibert des Seguins a honoré par sa dignité et son indépendance.

Puis ce costume a été pour nous le symbole de la patrie, et l'agriculteur doit, avant tout, mais après Dieu, l'aimer et le défendre !

Ce portrait, Messieurs, restera désormais dans nos salles de réunion, et au voyageur étranger qui viendra nous visiter, nous dirons avec fierté :

C'est une des gloires de la Charente !

www.ingramcontent.com/pod-product-compliance
Lightning Source LLC
LaVergne TN
LVHW010409240826
846091LV00020B/2862

* 9 7 8 2 0 1 2 4 7 1 6 3 4 *